Leipzig
lieben lernen

*Der perfekte Reiseführer für einen unvergessli-
chen Aufenthalt in Leipzig inkl. Insider-Tipps,
Tipps zum Geldsparen und Packliste*

Monika Schwegmann

✈ INHALT

Das erwartet Sie in diesem Buch

Kennen Sie das auch? Sie sitzen, gemeinsam mit der Familie oder Freunden oder gar Kollegen, gemütlich auf der Couch oder am Tisch im Büro und überlegen, was Sie am Wochenende oder im Urlaub machen werden. Sie überlegen gemeinsam, ob es ein Urlaub ins Ausland wird oder doch einfach mal ein Städte- und Kultururlaub. Wie wäre es mit einem Ausflug in die schöne Stadt „Leipzig", die sich von Jahr zu Jahr immer mehr entwickelt und somit mehr für Touristen zu bieten hat?

In diesem perfekten Reiseführer möchte ich Ihnen meine Heimat- und Messestadt, die sich mittlerweile Metropole nennen darf, vorstellen und Ihnen zeigen, dass es sich lohnt, eine Reise dorthin zu planen.

Ich bin hier im Jahr 1981 geboren worden und möchte Sie bei dieser Reise mit wertvollen Informationen, mit Geschichte und Kultur begleiten. Ich möchte Ihnen viele Sehenswürdigkeiten ans Herz legen, die es wirklich lohnt, sich anzuschauen, und diese mit deren Geschichte und Entstehung erörtern.

Ich liebe diese Stadt über alles und kann mit gutem Gewissen sagen, dass sie sich als Großstadt nicht verstecken muss und, in meinen Augen, durch ihre Entwicklung die Bezeichnung Metropole mit Recht verdient hat und ich freue mich für Leipzig, dass sie einen Teil mit zur EM 2020 beitragen wird.

NATUR UND UMWELT

Leipzig hat sich nicht nur mit der Kultur einen Namen gemacht, sondern auch mit der Natur, die, wie ich finde, immer schöner wird und für deren Erhalt man auch viel unternimmt. Dies spiegelt sich einerseits darin wider, dass sich immer mehr Wildtiere ansiedeln wie Füchse, Rehe, Wildschweine und in einigen Teilen wohl schon Wölfe gesichtet wurden, anderseits viel für den Erhalt der Wälder und Seen getan wird und Baumaßnahmen stattfinden, um Flüsse wieder ans Tageslicht hervorzuholen.

WARUM IST LEIPZIG SO SEHENSWERT?

Da Leipzig sich zu einem historischen Zentrum entwickelt hat, hat diese wunderschöne Stadt sehr viele Sehenswürdigkeiten, Seen, Flüsse und Wälder zu bieten. Wovon ich sehr begeistert bin und was es auch für Touristen einfacher macht sich zu orientieren, ist der Aufbau der Stadt. Man muss sich das ungefähr so vorstellen, wie ein Aufbau der Stadt in Form eines Sterns, der in alle Himmelsrichtungen geht. Weiterhin hat Leipzig für jedermann und jedes

Alter etwas zu bieten. In regelmäßigen Abständen finden hier Messen statt, weshalb Leipzig zu Recht den Titel Messestadt tragen darf. Im weiteren Verlauf des Buches werde ich noch auf einzelne, und in meinen Augen wichtige, Sehenswürdigkeiten eingehen.

Die Geschichte von Leipzig

Erwähnt wurde der Name Leipzig um 1015 von Thietmar von Merseburg und er bedeutet „Stadt der Linden". Er stammt aus dem Sorbischen und Polnischen ab. 1165 wurde Leipzig gegründet. Markgraf Otto der Reiche von Meißen erteilte einem Ort, der sich an einer Kreuzung befand, der Via Regia oder auch Hohe Straße und der Via Imperii, auch Fernhandelsstraße genannt, das Stadtrecht und das Marktrecht. Mit der Stadtgründung entstanden zwei große Kirchen, die heute

Thomaskirche und St. Nikolaikirche genannt werden und unbedingt besichtigt werden sollten. Diese befinden sich direkt im Stadtzentrum und bei einem Bummel im Stadtkern kommt man immer an ihnen vorbei. In der mittelalterlichen Markgrafschaft Meißen, welche um1439 im damaligen Kurfürstentum Sachsen aufging, lag die heutige Stadt Leipzig.

Nach der Teilung um 1485 gehörte die heutige Messestadt Leipzig zum jetzigen Freistaat Sachsen, dessen Hauptstadt ernannt wurde. Es ist die Stadt Dresden, welche heute die Landeshauptstadt ist. Nach einer Verwaltungsreform, um 1499, lag die Stadt als sogenanntes Kreisamt im Leipziger Kreis, neben dem es sieben weitere in dem Kurfürstentum gab. 1497 kam es zur Erhebung zur Reichsmessestadt und damit zur Erlaubnis Handel zu betreiben und die Ausdehnung der Wirtschaft auf einen Umkreis von 115 km festzulegen.

10 Jahre später wurde, durch Kaiser Maximilian I., Leipzig zu einer heutigen Messestadt mit europäischem Rang. Für den Güteraustausch zwischen Ost- und Westeuropa entwickelte sich Leipzig schon damals zum wichtigsten deutschen Handelsplatz. Dies war bedeutend für die Entwicklung der Messestadt,

insbesondere für den Handel mit Fellen und deren Weiterverarbeitung zu Pelzhalbfabrikaten, für die Handwerker in der Kürschnerei, und für die Herstellung der Werkzeuge und Maschinen, die benötigt wurden.

Der „Leipziger Brühl", der heute ein bekanntes großes Shoppingcenter ist, wurde neben London zum internationalen Handelsplatz der Pelzwirtschaft, die eine große Rolle in der Wirtschaft spielte. Im Jahr 1539 wurde die Reformation durch „Luther" und „Justus Jonas" in Leipzig vollzogen. Der Reformationstag ist heute ein Feiertag. Um 1546/1547 war Leipzig vom Schmalkaldischen Krieg durch „Kaiser Karl V" betroffen, in dem es für Leipzig und Sachsen vorrangig um die Gleichstellung des protestantischen Glaubenssatzes ging.

In diesen Jahren des Krieges war die Entwicklung Leipzigs vor allem durch die Verbesserung der Lebensbedingungen gekennzeichnet. Durch die immer mehr an Bedeutung gewinnende Messestadt profitierte Leipzig dabei von den gut verdienenden Bürgern. Im 16. Jahrhundert entstand die Trinkwasserversorgung. Um 1650 erschien erstmals der Vorläufer der heutigen „Leipziger Volkszeitung", die sechsmal pro Woche herauskam und damit als die am längsten bestehende Tageszeitung gilt. Der Dreißigjährige Krieg war ein schwerer Schlag für Leipzig, auch was die Entwicklung betraf. Leider ging die Bevölkerungszahl durch viele Opfer zurück.

Man spricht von ca. 6000 Opfern. 1701 bekam Leipzig ca. 700 Laternen, somit wurde die Straßenbeleuchtung eingeführt. Diese wurden mit Öl betrieben und erstmals am 24. Dezember 1701 angezündet. Die Völkerschlacht fand im Jahr 1813 statt. Darauf werde ich aber später genauer eingehen. Der Börsenverein der Deutschen Buchhändler wurde im April 1825 gegründet und zu diesem Zeitpunkt wurde Leipzig somit das Zentrum des deutschen Buchhandels und Verlagswesens.

Die erste Fernstrecke von Leipzig nach Dresden wurde im Jahr 1839 gebaut und eröffnet. Dadurch wurde Leipzig zum wichtigsten Verkehrsknotenpunkt im Raum Mitteldeutschland. In den Jahren 1902 bis 1915 wurde unser Kopfbahnhof, mit mittlerweile 27 Gleisen, gebaut und er zählt somit zu den größten in Europa. Im 19. Jahrhundert stieg die Bevölkerungszahl, auch durch die Eingemeindung der Vororte, wieder rasant. 1871 wurde Leipzig

Großstadt, da es eine Bevölkerungszahl von 100000 Einwohnern gab. Im Jahr 1900 gründete sich der Deutsche Fußball-Bund in Leipzig, als Mitglied wurde der VfB Leipzig 1903 erster deutscher Fußballmeister.

Am 01. Oktober 1879 wurde das Reichsgericht, als höchstes Straf- und Zivilgericht des Deutschen Reiches, in dem Haus, in welchem das jetzige Bundesverwaltungsgericht ist, etabliert. Während des zweiten Weltkrieges, der von 1939 bis 1945 stattfand, kam es zu vielen Angriffen aus der Luft auf Leipzig und diese führten zu starken Zerstörungen der Stadt, besonders betroffen war die Innenstadt. Von 1952 bis einschließlich 1990 war Leipzig die Hauptstadt des ebenso benannten Bezirkes und die zweitgrößte Stadt der DDR. Leipzig wurde 1990 dem Freistaat Sachsen zugeordnet und war seitdem Regierungsbezirk.

Die Stadt erhielt am 23. September 2008 den Titel „Ort der Vielfalt", den sie von der Bundesregierung verliehen bekam. 2016 erhielt sie den Ehrentitel „Reformationsstadt Europas", durch den Zusammenhalt und die Zusammenarbeit evangelischer Kirchen in ganz Europa. Bis heute ist die Metropole

DIE GESCHICHTE VON LEIPZIG|11

Leipzig unter anderem als Messe-, Medien- und Universitätsstadt bekannt und beliebt.

ENTWICKLUNG VON LEIPZIG

Leipzig ist eine der Städte in Deutschland mit der größten Flächenausdehnung. Hauptsächlich durch die Eingemeindung 1990. Die gegenwärtige Bevölkerungszahl wurde 1914 schon einmal erreicht und nimmt heute stetig zu, im Gegensatz zu anderen Großstädten. Sie gehört seit dem Jahr 2010 zu den schnell wachsenden Städten in Deutschland und steigt jährlich um 10000 Einwohner.

Die starke Zunahme wurde damit begründet, dass immer mehr junge Menschen nach Leipzig zogen und noch heute ziehen, um zu studieren oder ihre Ausbildung zu absolvieren, aber auch durch das zunehmende Wirtschaftswachstum und die damit steigenden Arbeitsplätze. Weiterhin gibt es immer mehr Geburten und eine starke Zunahme des Migrationshintergrundes.

INFRASTRUKTUR UND WIRTSCHAFTSWACHSTUM

Vor dem Zweiten Weltkrieg war Leipzig sowohl ein bedeutender Handelsplatz (Leipziger Messe) als auch ein bedeutender Industrieort. Traditionell waren und sind bis heute noch das Verlagswesen und die Industrie, besonders Maschinenbau, Textilindustrie und Landmaschinenbau.

Bis heute war und ist Leipzig einer der größten Wirtschaftsstandorte. Wichtige Wirtschaftszweige waren und sind unter anderem Braunkohleabbau, Energieerzeugung und chemische Industrie, die stark ausgebaut wurde. Natürlich hat Leipzig sehr fruchtbare Böden in der Tieflandbucht und diese werden intensiv zur Landwirtschaft genutzt. Es haben sich sehr große Unternehmen entwickelt und niedergelassen, die zur Wirtschafts- und Infrastruktur beitragen. Zu benennen wären hier Porsche, Siemens, aber auch BMW und die Leipziger Verkehrsbetriebe.

Die Kommunikations- und Informationstechnologie wird immer größer und bekannte Firmen wie Primacom, Unister Holding GmbH und andere sind hier zu nennen. Leipzig hat sich zu einem bedeutsamen Finanz- und Bankenstandort entwickelt und teilweise verlegen Banken ihren Standort dorthin. Ich hatte angedeutet, dass sich Leipzig als Metropole bezeichnen darf und dies trifft auch auf die Energiewirtschaft zu.

Durch die zentrale Lage von Leipzig hat sie sich zu einem Logistik- und Verkehrszentrum entwickelt. Ganz bekannt ist hier die DHL, die ihren Standort am Leipziger Flughafen hat und diesen immer mehr vergrößert. In meinen Augen ganz wichtig ist natürlich das Gesundheitswesen, welches sich in den Jahren stark verbessert hat.

Immer mehr Kliniken und Gesundheitszentren werden gebaut und viele Fachärzte lassen sich nieder und finden in Leipzig eine Heimat. Folgende Kliniken sind hier zu nennen, da sie viel für die Menschheit tun und erforschen. Ich spreche hier direkt die Universitätsklinik an, das Herzzentrum, das Klinikum St. Georg und alle Praxen.

Der sächsische Dialekt

Dieser Dialekt ist ein ostdeutscher Dialekt und gehört zur Untergruppe der thüringisch- obersächsischen Dialektgruppe. Gesprochen wird er im Bundesland Sachsen, aber auch in dem südöstlichen Sachsen-Anhalt und den östlichen Teilen Thüringens. Leider kann man ihn, in meinen Augen, nur schwer erklären.

Sächsische Mundart:

Begrüßung-	Begriessung
Guten Morgen!-	Morschn!
Guten Tag!-	Daach!
Guten Abend!-	Nahmd!
Entschuldigen Sie bitte!-	Schulldchnä!

In Leipzig wird allerdings verstärkt Hochdeutsch gesprochen und die Jugend verlernt immer mehr das Sächsisch oder bekommt es gar untersagt. Gerade in den gastronomischen Einrichtungen oder Geschäften wird auf Hochdeutsch bestanden.

Das Leben in der Messestadt Leipzig

Leipzig hat sich in den letzten Jahren sehr stark entwickelt und es wurde viel für alle Generationen getan. Durch den Zuzug vieler neuer Leute, die Entwicklung der Wirtschaftszweige und durch weiter zunehmendes Wirtschaftswachstum ist die Stadt gezwungen, immer mehr Wohnhäuser, Kinderkrippen und Kindergärten, genauso wie Schulen zu bauen. Durch die hohe Nachfrage an Wohnungen ist ein Anstieg der Mietpreise deutlich zu erkennen und auch die Lebensmittel werden immer teurer. Allerdings hat sich Leipzig auch im Bereich Veranstaltungen, Restaurants, Erlebnisgastronomie und Erlebnisparks sehr stark gemausert, sodass man immer weiß, was man an Wochenenden, Feiertagen oder im Urlaub unternehmen kann. Leipzig hat es sich durch die anstehende EM zur Aufgabe gemacht, sämtliche Straßen und Häuser zu sanieren, um das Stadtbild weiter zu verschönern und baut zudem immer mehr Hotels und Unterkünfte, damit unsere Touristen sich wohlfühlen.

Die Orte, die dafür gewählt wurden, finde ich sehr praktisch, da sie sich genau im Stadtkern befinden und man von dort aus in kürzester Zeit überall hinkommt. Durch die sehr guten Verkehrsanbindungen und den Ausbau der öffentlichen Verkehrsmittel ist man nicht unbedingt auf ein Auto angewiesen und kann somit auch mal abends und zu den Großveranstaltungen das Auto stehen lassen.

Sehenswürdigkeiten in Leipzig

L eipzig hat in meinen Augen sehr viel zu bieten und das für alle Interessen. Natürlich kommt es auch immer darauf an, zu welcher Jahreszeit und in welchem Monat eine Reise nach Leipzig geplant und durchgeführt wird. Es gibt aber ein paar Sehenswürdigkeiten, die, in meinen Augen, ein Muss sind und dorthin möchte ich Sie nun in diesem perfekten Reiseführer begleiten.

Gewandhaus

Am 08. November 1977 wurde der erste Grundstein gelegt und 1981 wurde dieses Musikgebäude eingeweiht, in der Innenstadt auf dem Augustusplatz. Es ist einer der kulturellen Eigenbetriebe und gehört der Stadt Leipzig. Neben dem Orchester und Konzerthaus gehören der Gewandhauschor, aber auch der Gewandhausorganist und der Gewandhauskinderchor dazu. Am 08. Oktober 1981 fand das Eröffnungskonzert unter der Leitung des damaligen Gewandhauskapellmeisters Kurt Masur statt.

Oper

Gegenüber des Gewandhauses am Augustusplatz, ist die Oper. Dies ist die Spielstätte, in der sehr schöne Opern und Ballette stattfinden. 1954 bis 1960 wurde es nach einem Entwurf von Kunz Nierade und Kurt Hemmerling im neoklassizistischen Stil erbaut. Am 08. Oktober 1960 wurde das Opernhaus mit einem festlichen Akt eingeweiht. Am 26. Oktober eines jeden Jahres findet hier der Opernball statt. Viele Prominente nehmen an diesem Event teil. Ausgerichtet wird es von der Porsche AG, die ihren Sitz in Leipzig hat. Jährlich werden ca. 2000 Gäste erwartet. Während der Weihnachtszeit bietet die Oper sehr schöne

Programme an, unter anderem „Hänsel und Gretel". Durch die Weihnachtsdekoration erleuchtet, erstrahlt sie in einem traumhaft schönen Lichterglanz.

Nikolaikirche

Dies ist eine der größten und ältesten Kirchen, zusammen mit der wunderschönen Thomaskirche. Dieser Sakralbau ist nach dem heiligen Nikolaus benannt worden und ist die Hauptkirche der evangelisch-lutherischen Kirchengemeinde St. Nikolai Leipzig.

Eine bedeutende Schöpfung im Stil des Klassizismus stellt die Kirche, durch die Gestaltung des Innenraumes, dar. Im Herbst 1989 war diese Kirche, in der friedlichen Revolution, der zentrale Startpunkt in der damaligen DDR. Im Jahr 1479 wurde erstmals in dieser Kirche die Orgel erwähnt, welche sich im Seitenschiff befindet. Leider erlitt die Orgel im Werk, durch den Krieg, Schäden und wurde 1638 bis 1639 wieder instandgesetzt und renoviert.

Wer Kunst und Geschichte mag, sollte sich unbedingt Zeit für das „Grassimuseum", für das „Stadtgeschichtliche Museum Leipzig", das sich im Alten Rathaus befindet, und für das „Museum der bildenden Künste" nehmen.

Stadtgeschichtliches Museum

Dies ist eine Einrichtung der Stadt Leipzig. Hier finden Ausstellungen statt, in denen Objekte, Informationen und Kontexte des Stadtgeschehens, von der Stadtwerdung bis zur Gegenwart von Leipzig, gesammelt, dokumentiert und präsentiert werden. 1909 wurde es eröffnet. Dieses historische Museum zählt zu den meistbesuchten Sehenswürdigkeiten in Leipzig. Es befindet sich im Alten Rathaus. Um die zentralen Positionen Altes Rathaus und Böttchergäßchen liegt der Ring der dezentralen Themenmuseen.

Grassimuseum

Es ist heute ein Gebäudekomplex, der sich am Johannisplatz befindet und unter anderem das Museum für Völkerkunde zu Leipzig, das Museum für Angewandte Kunst und das Museum für Musikinstrumente der Universität Leipzig beheimatet. In den Jahren von 1892 bis 1895 wurde am Wilhelm-Leuschner-Platz das erste Grassimuseum erbaut, welches heute das alte Grassimuseum ist. Es wurde im Jahr 2001 im erschienenen Blaubuch aufgenommen. Dieses Buch ist eine Liste national bedeutsamer Kultureinrichtungen in Ostdeutschland und

umfasst derzeit ca. 23 sogenannte kulturelle Leucht-
türme.

Das Museum der bildenden Künste

Es wurde 1848, als Initiative der Bürgerschaft, in der
Bürgerschule als erstes Interim eingerichtet. Auch
von 1945 bis in das Jahr 2003 befanden sich die Mu-
seumsbestände dort. Seit 2004, durch den Muse-
umsneubau, sind sie in der Katharinenstraße, die direkt im Stadtkern ist. Mit seiner über 10000 m² großen Ausstellungsfläche zählt es heute zu den größten Ausstellungshäusern, sowie durch seine mehr
als 35 Ausstellungen jährlich, als aktivstes Museum
in Deutschland. Sein Träger ist die Stadt Leipzig.

Messegelände Leipzig

Wer Messen mag ist natürlich in Leipzig vollkommen
richtig. Da Leipzig als Messestadt zählt, wurde hier
ein riesiges Gelände gebaut, mit fünf Messehallen, ca.
111900 m² überdachter Ausstellfläche und knapp
70000 m² Freifläche. Dort findet man auch das Con-
gress Center Leipzig, welches sich für Firmen optimal eignet, um es für Kongresse und Tagungen zu
nutzen. Das Messegelände liegt zwar etwas am
Randgebiet von Leipzig, ist aber mit den öffentlichen

Verkehrsmitteln und ohne großes Umsteigen sehr gut erreichbar. Regelmäßig finden hier die Buchmesse, die Games Convention, die Messe Hund und Katz, die Pferdemesse, die Messe Haus-Garten-Freizeit und Automessen statt. Wer eine Karte hat, darf mit den öffentlichen Verkehrsmitteln fahren, was ich eine tolle Sache finde.

Altes Rathaus
Dieses Rathaus befindet sich auf dem Richard-Wagner-Platz und ist somit auf dem zentralen Marktplatz, der den Mittelpunkt der Stadt bildet. Auf diesem Platz finden heute der Oster- und Weihnachts- sowie Wochenmärkte statt.

Das Alte Rathaus ist ein bedeutender Renaissancebau und eines der ältesten Gebäude Deutschlands. Als Baudatum werden die Jahre 1556/1557 angegeben, obwohl dieses Rathaus vorher als romanisches Gebäude bereits bestand. In den angegebenen Jahren fand eine Erweiterung und Umgestaltung statt, was ihm das heutige Aussehen gab. Die Fassade ist ein Hingucker der Renaissance. Im Inneren befindet sich ein 43 Meter langer Festsaal, welcher das Highlight des Gebäudes ist.

Mädler Passage

Sie ist eine der prachtvollsten Ladenpassagen Deutschlands und befindet sich mitten in der Innenstadt. Anton Mädler kaufte 1911 dieses Grundstück und ließ alle Gebäude darauf abreißen. Auch der Auerbachs Hof wurde abgerissen, der seit dem 16. Jahrhundert dort stand. Nach vielen Protesten wurde der Weinkeller des damaligen Auerbachs Hofs mit integriert und kann heute noch besichtigt werden.

Seine Bekanntheit erhielt der Auerbachs Keller durch den bekannten Dichter Johann Wolfgang von Goethe, der in seiner Studienzeit dort sehr oft Gast war. Diese Passage hat vier Etagen und ist mit einem Glasdach versehen. Sie wurde im Stil des Klassizismus gehalten und besticht durch antike Elemente. Ein Highlight ist das Glockenspiel aus Porzellanglocken, das zu jeder vollen Stunde zu hören ist.

Die Glocken sind aus dem bekannten Meißner Porzellan. Als besondere Bedeutung wird das Eingangsportal benannt. Zwei lebensgroße weibliche Figuren stehen auf jeder Seite und halten eine Vase und Weintrauben in den Händen. Sie nehmen damit direkten Bezug auf die Bestimmung des Messehauses. Ein weiteres Highlight ist die Deckenbemalung, die eine Szene aus Faust zeigt. Vor dem Eingangsbereich des Auerbachs Kellers befinden sich zwei Plastiken, die Faust und Mephisto darstellen und den verzauberten Studenten zeigen.

Augustusplatz

Im 18. Jahrhundert wurde dieser Platz schon ordentlich und aufwendig bebaut. Mit seinem Gebäudeensemble bestehend aus dem neuen Theater, dem Bildermuseum, welches im Renaissancestil gehalten wurde, dem Neuen Augusteum und der noch bestehenden Paulinerkirche, zählte und zählt er noch heute zu den schönsten Plätzen in Deutschland.

Im 2. Weltkrieg kam es zur Zerstörung des Platzes und einer Sanierung wurde nicht zugestimmt, durch die SED. Es wurde beschlossen, dass eine komplette Neubebauung des Platzes stattfindet und eine Namensänderung. Somit erhielt er den Namen Karl-Marx-Platz. Ein sehr großer Blickfang auf diesem Platz ist die sogenannte Demokratieglocke, die wie ein großes goldenes Ei aussieht.

Der Augustusplatz zählt heute noch zu den wichtigsten Verkehrsknotenpunkten in Leipzig. Dort laufen viele Straßenbahnlinien zusammen. Auch viele Studenten treffen sich hier, gerade im Sommer, und kühlen sich am Brunnen ab.

Panometer

Ein Gasometer, welcher ein Gasbehälter für Stadtgas war, wurde von einem Künstler namens Yadegar Asisi zu einer ganz eigentümlichen Sehenswürdigkeit umgebaut. Hier kann man sich begehbare 360°-Panoramabilder anschauen, die mit Lichteffekten und Ton untermalt sind und somit die Ausstellung zu etwas ganz Besonderem macht. Man fühlt sich, als wäre man mittendrin und es präsentiert auch die größten 360°-Panoramen weltweit. Die Rundbilder haben eine Höhe von 32 Metern und eine Länge von 105 Metern.

Leipzig ist eine sehr familienfreundliche Stadt und hat auch hier mittlerweile sehr viel anzubieten. Mit vielen Freizeitbädern, dem Clara-Zetkin-Park, dem Wildpark Leipzig, der Parkeisenbahn Leipzig und dem BELANTIS-Freizeitpark ist ein Familienurlaub gesichert.

BELANTIS-Vergnügungspark

Dieser Vergnügungspark zählt zu den größten Parks Ostdeutschlands. Auf 27 Hektar Fläche erstrecken sich 60 Attraktionen und Shows sowie acht Themenwelten. Er wurde auf dem Gelände des ehemaligen Braunkohletagebaus in Zwenkau errichtet und nach nur 19 Monaten Bauzeit am 05. April 2003 eröffnet. Zu saisonalen Höhepunkten wie Ostern oder Halloween ist ein Besuch besonders zu empfehlen.

Auch nächtliche Partys und die jährliche SummerOpening-Party finden dort statt. Von Jahr zu Jahr kommen immer mehr Attraktionen dazu und ein jährlicher Besuch lohnt sich. Besondere Highlights des Parks sind die vier Achterbahnen, das Wasserkarussell, vier Wasserbahnen, das Dampfkarussell und ein Free-Fall-Tower.

Kanupark Markkleeberg

In diesem Park ist der Spaß garantiert. Es ist eine der modernsten Wasseranlagen der Welt. Die Anlage befindet sich zum Teil im Leipziger Neuseenland, an der Südostküste des Markkleeberger Sees, der geflutet wurde und vorher ein Braunkohletagebau war. Im April 2005 erfolgte der erste Spatenstich und ab September 2006 wurde der Probebetrieb

aufgenommen. Die Übergabe, an die Stadt Markkleeberg, fand am 11. November 2006 statt und der Park
wurde am 15. April 2007 offiziell für die Besucher
eröffnet. Im Jahr 2017 baute man die Trainingsstre-
cke aus, die eine stehende künstliche Welle erzeugt.

Weiterhin besitzt der Kanupark Markkleeberg
zwei unabhängige Wildwasserstrecken mit U-förmi-
ger Streckenform und einem gemeinsamen Zielbecken. Jede Strecke zwischen Start- und Zielbecken
hat ein eigenes Bootsförderband. Eine Besonderheit
dieses Parks ist, dass er beim Bau auch auf Menschen
mit Sehbehinderung, für Blinde, Gehörlose, Stumme
oder körperlich eingeschränkte Freizeitsportler ausgerichtet wurde. Im Jahr 2016 bekam der Kanupark
eine 2. Verleihung für die Kategorie „Barrierefrei-
heit", durch sein Engagement für den Inklusionsge-
danken.

Kletterwald Leipzig

Auf ca. 3 Hektar Fläche befindet sich dieser Kletter-
wald am Albrechtshainer See. 11 Parcours und über
100 Kletterelemente machen ihn zu einem tollen Er-
lebnis für Familien. Spaß und Spannung sind hier in-
klusive. Dafür sollte man den Zeitraum von März bis
Oktober einplanen. Dieser Wald ist 15 km von

Leipzig entfernt und man erreicht ihn über die A14 und A38.

Leipziger Eistraum

Wer eine Reise nach Leipzig im Januar oder Februar plant, hat natürlich auch hier für die Familie viele Highlights. Dazu zählt unter anderem dieser Eistraum, der auf dem Augustusplatz stattfindet. Eine 960 m² große, runde Eisbahn wird um den Brunnen errichtet. Weiterhin lädt dieser Traum mit einer Eisstockbahn und einer Winterrutsche zu viel Spaß und sportlichen Aktivitäten ein. Außerdem ist ein Riesenrad aufgebaut und zahlreiche Gastronomiestände mit überdachten Stehtischen und ein Aprés- Ice-Partyhaus laden zur Party ein.

Eisarena

In der Zeit von Oktober bis März kann man hier genauso viel Spaß haben. Es findet im Kohlrabizirkus statt. Die Öffnungszeiten sind immer von Mittwoch bis Sonntag. Auch hier gibt es Eislaufen für die ganze Familie und Stockschießen. Anfänger und die Kleinsten können sogenannte Eisbären bekommen, die vor dem Hinfallen schützen.

Parkeisenbahn am Auensee

Diese Bahn, die ca. 1,9 km um den Auensee fährt, wird auch Liliputbahn genannt, 1951 wurde die Bahn eröffnet und bis nach der Wiedervereinigung 1990 als Pioniereisenbahn bezeichnet. Es dürfen hauptsächlich Kinder mitfahren und auch Jugendliche. Erwachsene können sich, während ihre Kinder in dem Zug sitzen, entspannen. Natürlich hat der Auensee nicht nur diese tolle Eisenbahn zu bieten, sondern das Haus Auensee bietet mittlerweile phantastische Konzerte für Jung und Alt an.

Wenn es einmal regnerisch und kalt ist, lohnt sich ein Ausflug in unsere Kinos, unter anderem lohnen sich definitiv das Kino „Passage Kinos", das sich direkt im Stadtkern befindet, und das Kino „CineStar" im Stadtzentrum.

Wellness-Wochenende in Leipzig

Wer einfach mal nur entspannen, relaxen und sich verwöhnen lassen möchte, dem ist das Good Morning + Leipzig sehr zu empfehlen. Dieses liegt nur fünf Autominuten vom großen Messegelände weg und man erreicht auch sehr schnell die bekannte Sachsen-Therme. Diese ist ein sehr großes Freizeitbad, welches alles zu bieten hat, was das Herz begehrt, unter anderem verschiedene Schwimmbecken, auch Outdoor, Whirlpool, verschiedene Saunen und Massagen. Für das leibliche Wohl ist gesorgt und somit ein Aufenthalt für einen ganzen Tag gesichert.

Highlights in Leipzig

Leipzig ist mittlerweile für Veranstalter sehr verlockend geworden, durch den ansprechenden Mix aus geschäftigem Straßenleben, Kunst, Kultur, Festivals und es ist umgeben von viel Grünfläche.

Wave-Gotik-Treffen

Dieses Festival fand erstmals 1992 in Leipzig zu Pfingsten statt. Mittlerweile zählt es mit zu einer der größten Veranstaltungen Deutschlands der alternativen und schwarzen Szene. Immer mehr Menschen kommen aus aller Welt her, um an diesem Event teilzunehmen oder um es sich einfach nur anzuschauen. Mehr als 100 Konzerte finden in diesen vier Tagen statt und diese sind auf ganz Leipzig verteilt.

Das Wave-Gotik-Treffen ist aber nicht nur ein Musikfestival, sondern es werden auch Ausstellungen, Vorlesungen, Mittelaltermärkte und Workshops angeboten. Da immer mehr Familien mit ihren Kindern dabei sind, wird eine Kinderbetreuung in dieser Zeit mit eingerichtet.

Highfield-Festival

Weiterhin darf sich auch Leipzig über das Highfield-Festival freuen. Dieses findet in Großpösna, am Störmthaler See, statt. Dieses Festival etabliert sich immer mehr zum Indie-Rock-Festival in den neuen Bundesländern.

Think Festival

Seit 10 Jahren hat Leipzig auch das Think Festival als Highlight. Am Cospudener See treffen sich ca. 1000 Leute jeden Alters und lassen sich berauschen von den DJs aus der Technoszene. Mit mehr als 30 Acts und einer tollen Aftershowparty kann man hier ein schönes Wochenende verbringen. Dieses Festival findet immer in den Sommermonaten statt.

Völkerschlachtdenkmal

Als nächstes Highlight zähle ich, und es ist in meinen Augen ein Muss, den Besuch des Völkerschlacht-denkmals. Hier sind ein Lazarett und ein Denkmal vieler Opfer zu sehen, die im 1. Weltkrieg gefallen sind. Über 364 Stufen erreicht man den Panorama-blick und wer bis zu 500 Stufen steigen möchte, er-reicht die Aussichtsplattform ganz oben und hat, bei sehr gutem Wetter, eine traumhafte Aussicht über ganz Leipzig.

Jährlich wird hier, über zwei Tage, die Völkerschlacht nachgestellt, die vom 16. bis 19. Oktober 1813 stattfand. 85 Jahre nach dieser Schlacht wurde der Grundstein für das Denkmal gelegt und 1913 wurde es als Nationaldenkmal eingeweiht.

Zoo

Ob mit oder ohne Kind, sollte ein Besuch im Leipziger Zoo eingeplant werden. Hier ist es möglich, gleich eine Stadtrundfahrt mit zu buchen. Für den Zoo Leipzig sollte ca. ein ganzer Tag Aufenthalt eingeplant werden. Ein Muss ist definitiv das Gondwanaland. Dieses hat eine Größe von ca. 16500 m^2 und ist eine Tropenhalle, wo sich unter anderem Totenkopfäffchen frei bewegen können und wo man ihnen, unter Aufsicht der Pfleger, sehr nahekommen kann. Über Holzhängebrücken kann man sich dieses Tropenhaus von oben anschauen.

Wer Lust hat, kann auch eine kleine Bootstour mitmachen. Im Durchschnitt sind hier Temperaturen um die 26°C. Weitere Erlebniswelten sind unter anderem Südamerika und asiatische Inselwelten, außerdem die Erlebniswelten Afrika und Pongoland.

Im gesamten Zoo befinden sich Restaurants, die den Erlebniswelten angepasst sind und unbedingt mal ausprobiert werden sollten. Egal ob drinnen oder draußen, es ist für jedes Wetter etwas dabei.

Stadtfest

Immer zu Pfingsten, und parallel mit dem Wave-Gotik-Treffen, findet das Stadtfest statt. Dieses erstreckt sich durch die gesamte Stadtmitte. Neben gastronomischen Ständen, die für das leibliche Wohl sorgen, finden Konzerte mit namhaften Musikern und Bands statt. Weiterhin wird ein sehr großes Rahmenprogramm geboten und für die Kleinsten Fahrgeschäfte aufgebaut. Da zu diesem Zeitpunkt auch alle Geschäfte offen haben, bietet sich hier Shopping mit an. Es finden unter anderem Stadtführungen statt und Kirchenbesuche, die von Reiseveranstaltern organisiert werden.

Thomaskirche

Sie ist neben der Nikolaikirche eine der beiden Hauptkirchen in Leipzig und als Wirkungsstätte von Johann Sebastian Bach und des Thomanerchors weltweit bekannt. Zwischen den Jahren 1212 und 1222 wurde die ältere Marktkirche des neuen

Thomasklosters der Augustiner Chorherren umgebaut. Unser bekannter Thomanerchor wurde gleichzeitig 1212 gegründet und ist damit einer der vier ältesten Knabenchöre in Deutschland. Namhafte Komponisten und ausübende Musiker bekleideten immer wieder das angesehene Amt des Thomaskantors. Am 10. April 1496 wurde diese Kirche, nach einem fast völligen Neubau, durch den Merseburger Bischof erneut eingeweiht. Der Reformator Martin Luther predigte hier zu Pfingsten 1539.

Wer ein paar Tage in Leipzig ist, sollte einen Besuch in der Kirche einplanen. Die Architektur, der Innenraum, die Ausstattung und die Ornamentverglasung sollte man unbedingt gesehen haben. Weiterhin befindet sich darin die Grabstätte von Johann Sebastian Bach. Ein großes Highlight ist diese Kirche um die Weihnachtszeit. An jedem Adventstag wird Adventsmusik gespielt und danach findet ein Abendgottesdienst statt. Mit ihrer prunkvollen Schmückung erstrahlt sie in einem traumhaften Lichterglanz.

Weihnachtsmarkt

Bis 1458 reicht die Tradition zurück und somit ist er einer der ältesten Weihnachtsmärkte Deutschlands. Geboten wird Ihnen hier eine einzigartige kulturelle und kulinarische Auswahl.

Dieser befindet sich inmitten der historischen Stadt Leipzig. Da er sich mit über 300 Ständen präsentiert und eine sehr schöne weihnachtliche Dekoration hat, gehört er zu den größten und schönsten Weihnachtsmärkten Deutschlands. Auf dem Kirchhof der Nikolaikirche werden jedes Jahr Stände mit handgefertigten Weihnachtsutensilien aus dem Erzgebirge aufgebaut. Weiterhin erhält man hier handgefertigte Töpferware und die berühmt-berüchtigte Pyramide ist dort zu finden, die zum gemeinsamen Trinken der Feuerzangenbowle einlädt.

Natürlich bietet der Weihnachtsmarkt ein weihnachtliches Rahmenprogramm. Ein Highlight ist unter anderem, besonders für Kinder, die Ankunft des Weihnachtsmanns auf dem Leipziger Hauptbahnhof. Auch zu benennen ist der Märchenwald nach den Märchen der Gebrüder Grimm. Lebensgroße Märchenfiguren sind vor der Oper Leipzig, auf dem Augustusplatz, aufgebaut.

DIE BESTEN UNTERKÜNFTE

Leipzig hat für jeden Geldbeutel etwas zu bieten. Alle Hotels in Leipzig sind einzigartig und sehr schön. Egal, ob man mit der Familie anreist oder allein, für jeden ist etwas zu finden. Sicherlich ist es wichtig zu wissen, was man in Leipzig unternehmen möchte, da in ganz Leipzig Hotels verstreut sind. Durch die anstehende EM 2020 werden immer mehr Hotels gebaut und auch restauriert. Ich habe mir ein paar Hotels herausgesucht, die für jeden Geldbeutel etwas sind. Leipzig hat viele Hotels, von sehr günstig bis sehr teuer. Ein sehr schönes, aber doch sehr teures Hotel, ist das Hotel Westin im Stadtzentrum. Natürlich hat Leipzig nicht nur Hotels zu bieten, sondern auch Pensionen und Ferienwohnungen. Diese liegen allerdings etwas abseits vom Stadtkern.

McDreams Hotel Leipzig-City
Es handelt sich hier um ein kleines Hotel für den kleinen Geldbeutel. Zu finden ist es in der „Elsterpassage", in der 3. und 4. Etage. Diese Passage ist in Großzschocher, in dem belebten Gründerzeit- und Scene-Stadtteil Plagwitz, unweit des Stadtzentrums. Mit der Straßenbahnlinie 3, die direkt vor dem Hotel

hält, kommt man in 15 Minuten, ohne umzusteigen, in die Stadtmitte.

Zwischen 58,00 € und 75,00 € liegt hier der Preis für eine Übernachtung mit Frühstück.

Steigenberger Grandhotel Handelshof

Dieses Hotel befindet sich direkt in der Innenstadt, hinter den historischen Fassaden des ehemaligen Messegeländes. Es ist als Luxushotel eingestuft und hier befinden sich sehr schöne große Zimmer und Suiten. Man kann die Abende an der Lobby-Bar, in der Vinothek oder in der Brasserie gemütlich ausklingen lassen. Ein toller Fitness- und Wellnessbereich lädt zum Relaxen ein. Da es sich direkt im Zentrum befindet, ist hier ein Stadtbummel garantiert.

Bei diesem Vier-Sterne-Hotel liegt der Preis zwischen 127,00 € und 135,00 € pro Übernachtung.

IBIS Leipzig City

Das Hotel ist eine gute Wahl für Reisende, die Leipzig näher kennenlernen wollen. Es ist ein familienfreundliches Hotel mit vielen Annehmlichkeiten, die einen schönen Aufenthalt garantieren. Die Zimmer sind mit viel Komfort ausgestattet. Dieses Hotel liegt im Stadtkern. Auf kurzen Wegen erreicht man die

Nikolaikirche, den sehr schönen Ratskeller für ein gutes Essen und unweit befindet sich die Thomaskirche. Auch hier ist ein Stadtbummel möglich.

Zwischen 70,00 € und 80,00 € pro Übernachtung sollte man einplanen.

Adina Apartment Hotel Leipzig

Ein sehr schönes Hotel, direkt an dem bekannten Brühl, erwartet Sie hier. Der Hauptbahnhof liegt nur wenige Minuten entfernt und ein Auto dahin ist nicht nötig, da es auch sehr gut zu Fuß erreichbar ist. Die Zimmer sind komfortabel und edlen Designs. Haustiere sind hier erlaubt. Ein Wellnessbereich ist vorhanden und lässt den Tag entspannt ausklingen. Durch seine Ausstattung und auch seinen Service ist es ein familienfreundliches Hotel.

Eine Übernachtung kostet zwischen 70,00 € und 100,00 €.

Pentahotel Leipzig

Es ist 10 Gehminuten vom Hauptbahnhof und Stadtzentrum entfernt. Es handelt sich hier um ein noch sehr neues Hotel in Leipzig und es glänzt mit seiner Moderne der Zimmer. Auch erwartet Sie eine Bar, eine Lobby, ein Restaurant und Empfang. Neben mehreren Konferenzräumen hat dieses Hotel Sauna, Swimmingpool und Fitnessraum zu bieten. Mit einem reichhaltigen Frühstücksbuffet kann der Tag nur gut starten.

Für dieses Vier-Sterne-Hotel zahlen Sie pro Übernachtung mit Frühstück zwischen 80,00 € und 100,00 €.

Radisson Blu Hotel Leipzig

Trotz der zentralen Lage des Hotels, welches sich direkt am Augustusplatz befindet, ist es für den kleinen Geldbeutel einzustufen. Für private und geschäftliche Besuche ist es perfekt. Durch die Lage sind viele Sehenswürdigkeiten sehr schnell erreichbar, sowohl zu Fuß als auch mit dem Auto.

Da allerdings der Augustusplatz der Verkehrsknotenpunkt für die Straßenbahn ist und viele Linien zusammentreffen, kann man sein Auto auch in dem vorhandenen Parkhaus stehen lassen. Die 214 Zimmer, mit einer Größe ab 30 m², gehören zu den größten und besten Zimmern der Stadt. Das Restaurant Spagos und die Spagos Lounge laden dazu ein, den Tag gemütlich ausklingen zu lassen.

Zwischen 80,00 € und 100,00 € kostet eine Übernachtung.

Seaside Park Hotel Leipzig

Dieses Hotel besticht mit seiner Jugendstilfassade. Durch seine Individualität und Atmosphäre macht es dieses Hotel einzigartig. Es befindet sich direkt gegenüber vom Hauptbahnhof und liegt somit sehr zentral. Alle Sehenswürdigkeiten sind hier in kürzester Zeit erreichbar und ein Stadtbummel sollte mit eingeplant werden. In nur zwei Gehminuten erreicht man das Gewandhaus und die Oper. Auch ist Wellness garantiert, durch den Pool und die Sauna. Massagen können separat mit dazu gebucht werden.

Mit vier Sternen und einem Preis pro Übernachtung von 100,00 € bis 140,00 € liegt dieses Hotel im Durchschnitt.

INNSiDE by Melia`

Es liegt direkt im Stadtzentrum, gegenüber der Thomaskirche. Sie erwartet ein klimatisiertes Zimmer oder eine Suite mit dem Angebot, die Getränke kostenlos aus der Minibar zu nehmen. Dieses Hotel bietet viel Wellness mit einem Entspannungs-, Fitness- und Saunabereich. Mehrere Highlights hat das Hotel zu bieten. Unter anderem eine großzügige Rooftop, eine Terrasse mit zwei angrenzenden Bars im Innenbereich auf der 6. Etage und einem atemberaubenden Ausblick über Leipzig. Die Restaurants bieten internationale und mediterrane Küche an.

Mit vier Sternen, einem Preis von 80,00 € bis 100,00 € pro Übernachtung und diesen Leistungen ist es für den kleinen Geldbeutel.

Motel One Leipzig-Augustusplatz
Ein schönes, trendiges Hotel erwartet Sie hier. Es befindet sich direkt im Stadtzentrum, am Augustusplatz. In wenigen Gehminuten sind auch hier alle Sehenswürdigkeiten erreichbar. Hier wird eine 24-Stunden-Rezeption garantiert. Klimatisierte Zimmer und Komfort bieten Ihnen einen angenehmen Aufenthalt.

Mit vier Sternen und Übernachtungskosten von 80,00 € bis 100,00 € ist dieses Hotel etwas für den kleinen Geldbeutel.

Hotel Alt-Connewitz
Sie erwartet ein Hotel mit gehobener Qualität. Im Stadtteil Connewitz, dem Gründerzeitviertel, ist dieses Hotel zu finden. Der Stadtkern ist in wenigen Minuten mit der Straßenbahn und dem Auto gut zu erreichen. Sie erwartet ein Begrüßungsgetränk auf

dem Zimmer. Ein vielfältiges Frühstücksangebot lässt Sie gut in den neuen Tag starten. Das Hotel bietet Ihnen eine sehr gute Homepage und Sie werden auch bei den Reiseplanungen unterstützt.

Mit vier Sternen und dem Angebot ist es sehr günstig und das Preis-Leistungs-Verhältnis stimmt. Mit 65,00 € pro Übernachtung ist es ein super Preis.

DIE BESTEN RESTAURANTS

Egal ob man lokale (sächsische), deutsche, internationale oder gehobene Küche oder einfach nur Fast Food mag, Leipzig hat für alle etwas zu bieten, sowohl für Jung als auch Alt. Hier eine kleine Auswahl von Restaurants, die sich im Stadtkern befinden. Auch außerhalb des Zentrums gibt es sehr schöne Restaurants. Eine Reservierung sollte vorher erfolgen.

C`est la vie

Wie der Name schon sagt, kann man hier in einem französischen und sehr schönen gemütlichen Restaurant zu Abend essen und bei einem guten Glas Wein den Abend ausklingen lassen. Wer keine Lust hat französisch zu essen, für den gibt es deutsche und vegane Speisen. Dieses Restaurant befindet sich direkt im Stadtkern und eine Reservierung sollte vorher erfolgen.

Öffnungszeiten:

Dienstag bis Samstag   18:00 Uhr – 23:00 Uhr

Ratskeller Leipzig

Ein sehr schönes, traditionsreiches Restaurant mit Geschichte erwartet Sie hier. Aufgrund seiner Beliebtheit, sollte unbedingt vorher reserviert werden. Auf der Speisekarte finden Sie nationale und internationale Gerichte und es wird auf regionale und saisonale Zutaten sehr viel Wert gelegt. Im neuen Rathaus befindet sich das Restaurant, was auf den Mauern der alten Pleißenburg errichtet wurde. Unter anderem bietet der Ratskeller folgende Highlights an: Führungen, Brunch, Haxenessen, Ritteressen und Silvesterball.

Öffnungszeiten:

Montag bis Samstag	12:00 Uhr – 23:00 Uhr
Sonntag	11:00 Uhr – 15:30 Uhr

Diego Restaurant & Bar

Dieses Restaurant findet man auch unter der Kategorie Steakhaus und mexikanische Spezialitäten, sowie mittel- und südamerikanische Küche. Ein familienfreundliches Restaurant mit einer gemütlichen Atmosphäre, direkt im Zentrum. Das Diego bietet unter anderem eine Speisekarte für Kinder, eine Salatbar, vegetarische Küche und Essen bis spätabends an.

Öffnungszeiten:

Dienstag	18:00 Uhr – 22:00 Uhr
Mittwoch	17:00 Uhr - 22:00 Uhr
Samstag	18:00 Uhr – 22:00 Uhr

Bayerischer Bahnhof

Wie der Name schon sagt, befindet sich das Restaurant am Bayerischen Bahnhof. Wer dort einen gemütlichen Abend verbringen möchte, sollte vorher eine Reservierung vornehmen. Mit einem sehr schönen Ambiente und vielen Highlights kann sich der Bahnhof sehen lassen.

Er besitzt eine eigene Brauerei. Hier kommt die bekannte Leipziger Gose (Bier) her und die Standardbiere Schaffner, Kuppler und Heizer. Wer möchte, kann gerne eine Führung durch die Brauerei mitmachen. Es wird aber vorher empfohlen, sich auf der Homepage https://www.bayerischer-bahnhof.de/de/hausgemachte-biere.html zu erkundigen, wann sie stattfinden. 1842 ist dieser Kopfbahnhof erbaut worden und er ist der älteste Kopfbahnhof Deutschlands. In der Speisekarte finden Sie sächsische und bayerische Gerichte.

Öffnungszeiten:

Montag bis Sonntag   11:00 Uhr – 00:00 Uhr

MAX ENK

Die Gastwirte begrüßen Sie recht herzlich im histo-
rischen Speisesaal des städtischen Kaufhauses im
Zentrum. Dieses Restaurant hat ein sehr schönes
Motto:

„Qualität ist kein Luxus, sondern die Basis"

Damit wollen sie ihre Gäste mit soliden, schnörkello-
sen Speisen der regionalen und internationalen
Hochküche verwöhnen. Somit sollte ein Mittag- oder
Abendessen in diesem gemütlichen Restaurant zum
Ausklang eines Einkaufsbummels einladen.

Öffnungszeiten:

Montag bis Donnerstag   12:00 Uhr – 00:00 Uhr
Freitag bis Samstag   12:00 Uhr – 00:00 Uhr
Sonntag   11:30 Uhr – 16:00 Uhr

Hans Im Glück

Ein Burgergrill mit Bar am Augustusplatz. Auch hier wird empfohlen, vorher zu reservieren. Wer es einfach und schlicht mag und trotzdem gemütlich den Abend verbringen möchte, ist dort in sehr guten Händen. Alle Burger werden mit frischen Zutaten zubereitet. Nicht nur Fleischesser sind herzlich willkommen, sondern auch Veganer und Vegetarier.

Öffnungszeiten:

Sonntag bis Donnerstag	11:00 Uhr – 24:00 Uhr
Freitag bis Samstag	11:00 Uhr – 01:00 Uhr

Mephisto Bar

Diese befindet sich im Auerbachs Keller, in der wunderschönen Mädler Passage. Johann Wolfgang von Goethe war hier oft Gast. Eine Reservierung ist erwünscht. Auf der Speisekarte werden vorrangig Gerichte aus der sächsischen Küche angeboten. Das gemütliche Restaurant lädt zum Essen und einem guten Glas Wein ein. Weiterhin erwartet Sie klassische Musik, jeden Samstag ab 21:00 Uhr.

Öffnungszeiten:

Montag bis Sonntag	12:00 Uhr – 00:00 Uhr

Cafe Madrid

Ein schickes und gemütliches Restaurant mit mediterraner Küche. Gerichte und Getränke aus dem spanischen Raum findet man hier in der Speise- und Getränkekarte. Um eine vorherige Reservierung wird gebeten. Die Gastwirte sind aus Spanien und werden Sie mit ihrem Temperament und ihrer Kultur anstecken. Außerdem wird hier ein kostenloser WLAN-Hotspot angeboten. Sie finden es in der Klostergasse, im Zentrum unweit der Nikolaikirche.

Öffnungszeiten:

Montag bis Sonntag   11:30 Uhr – open end

Restaurant Weinstock

Dieses sehr schöne Restaurant befindet sich direkt am Marktplatz. Mit 90 Sitzplätzen im Innenbereich, 50 Sitzplätzen im Weinkeller und 120 Sitzplätzen auf der Sommerterrasse ist es mit eines der gehobenen Restaurants in Leipzig und das auch zu Recht. Leidenschaft, Kreativität und qualitativ hochwertige Zutaten machen dieses Restaurant zu einem Muss. Hier gibt es nur eine kleine Speisekarte, allerdings wechseln die Gerichte gemäß den Jahreszeiten und saisonal. Natürlich steht der Name auch für gute und erlesene Weine. Mittags kann man an einem Businessmenü mit zwei Gängen teilnehmen oder aus dem Tagesangebot wählen. Am Abend gibt es eine Speisekarte und um das Ganze romantisch und gemütlich werden zu lassen, gibt es hauseigene Piano-Musik von Klassik bis Jazz. Auch hier sollte vorher eine Reservierung stattfinden.

Öffnungszeiten:

Montag bis Sonntag   11:00 Uhr – 00:00 Uhr

Nightlife

Für Touristen, die Nachtschwärmer sind, ist Leipzig das Richtige, ein herzliches Willkommen. Ob Kneipenmarathon, Diskothek, Konzert, Oper oder Gewandhaus, für jeden ist etwas dabei. Durch die Menge an Angeboten, ist es nicht einfach etwas zu finden. Auch lohnt es sich an warmen Tagen, einfach nur auf dem Freisitz einer Bar und eines Restaurants zu sitzen und die Atmosphäre und das Lichtermeer zu genießen. Kontakte zu knüpfen ist hier nicht schwer. Wer aber was gezielt sucht, für den habe ich eine kleine Auswahl von verschiedenen Diskotheken und Locations zusammengestellt.

Drallewatsch

Diese bekannte Kneipenmeile befindet sich rund um das Barfußgäßchen. Hier lernt man tolle Leute kennen und der Abend wird nicht langweilig. Das Drallewatsch wurde 1996 von dutzenden Wirten ins Leben gerufen und bekam diesen Namen, der bedeutet „etwas erleben" und „von Kneipe zu Kneipe zu schlendern".

Drallewatsch stammt aus dem Ursächsischen ab. Im älteren Teil der Stadt erhalten Sie einen Eindruck davon, wie eng damals die Innenstadt bebaut war. Hier stehen dicht aneinander historische Gebäude aus der Renaissance-, Barock- und Gründerzeit. Neben dem Barfußgäßchen befinden sich gleich die Fleischergasse und die Klostergasse mit vielen gutbürgerlichen Restaurants und Szenekneipen, die sich dem Drallewatsch mit angeschlossen haben.

Nachtcafe

Das Nachtcafe befindet sich in der Petersstraße und lädt dreimal in der Woche zum Feiern und Abtanzen ein. Vor über 20 Jahren wurde es eröffnet und hat sich seitdem etabliert. Jeden Mittwoch, Freitag und Samstag können Sie zu Black-House-Beats, Hip-Hop, aber auch zu Musik der 90er bis 2000er-, entweder von Resident DJs oder internationalen Stars, tanzen. Zudem können Frauen jeden Samstag zur ENERGY Glory Night freien Eintritt genießen.

Moritzbastei

Die MB (Abkürzung) wird auch als Kulturzentrum bezeichnet und befindet sich nahe der Universitätsstraße, direkt im Zentrum. Im einzigen erhaltenen Teil der Stadtmauer finden Konzerte, Partys und Theater statt und es gibt eine Kneipe.

Diese Bastei ist ein beliebter Ort für Studenten, Touristen und Einheimische zum Feiern und um Kultur zu erleben. Hier finden unter anderem Konzerte zum Wave-Gotik-Treffen statt und dies ist ein fester Bestandteil im Programm. Die Veranstaltungen sind auch teilweise im Gewölbekeller und bieten somit eine tolle Atmosphäre. Auch werden hier Führungen durch die ca. 500 Jahre alte Festung angeboten.

Club L1

Als atemberaubend und modern wird diese Location beschrieben. Weiterhin wird sie als Eventlocation eingestuft. Er befindet sich im Zentrum, in der Königshauspassage. Diese Location hat eine sehr große, elegante Loungebar und einen angrenzenden

Dancefloor. Somit ist für jeden etwas dabei. Dieser Club wurde im April 2011 eröffnet und hat sich zu einer festen Größe des Nachtlebens in Leipzig etabliert. Geboten werden hier Clubsounds und erstklassige Künstler.

Twenty One

Diese Location ist mitten im Zentrum und mit öffentlichen Verkehrsmitteln sehr gut zu erreichen. Somit kann das Auto stehen bleiben. Der Bus und die Bahn halten direkt davor. Mit zwei Floors und sechs Bars ist der Abend gerettet. Gemütliche Sitzecken laden zum Entspannen und zu Gesprächen mit Freunden oder neuen Kontakten ein.

Der Main-Dancefloor ist hier das Herzstück und dieser ist von zwei Bars umgeben. Weiterhin sind auch mehrere Sitzgelegenheiten vorhanden. Das Areal des Dancefloors zeichnet sich durch eine stylische Tanzfläche, optimalen Sound und eine spektakuläre Lichtershow aus. Der zweite Dancefloor vermittelt Ihnen ein First-Class-Feeling. Das Highlight, unter einem Kronleuchter erwartet Sie eine Nebel- und Lichtershow und lässt Sie zu den angesagten Beats tanzen. Auch hier sind Bars und Sitzgelegenheiten vorhanden.

Darkflower

Diese Diskothek finden Sie in der Hainstraße 12, direkt im Zentrum. Die Besonderheit, dass es eine Diskothek im Kellergewölbe ist. Es ist keine gewöhnliche Diskothek, sondern wird als Alternativ-szene eingestuft. Sie erwarten dort zwei Floors und zwei Bars. Wer elektronische Musik mag, genauso wie EBM (Electronic Body Music), Mittelalter-Rock und Metal, ist genau richtig dort.

Im großen Floor legen bekannte DJs aus der alternativen Szene auf. Sitzgelegenheiten und tolle Getränke lassen es einen unvergesslichen Abend werden. Wer denkt, dass diese Location nur etwas für Jüngere ist, der irrt sich. Es sind alle, jeden Alters, herzlich willkommen.

Flowerpower

Diese Diskothek, die sich ganz nach dem Motto der 70er Jahre etabliert hat, befindet sich in der Riemannstraße. Sie befindet sich zwar nicht im Stadtkern, es zählt aber noch zur Stadtmitte und ist im schönen Musikviertel von Leipzig. Täglich bietet diese Location ein Thema an und macht es damit zum Highlight. Wer Lesungen mag und Interesse hat, sollte sich vorher allerdings im Internet auf der

Homepage erkundigen.

Spizz – Der Leipziger Jazz-& Musicclub

Wer Jazz und Soul mag, ist hier an der richtigen Adresse. Das Spizz befindet sich direkt am Markt und somit im Stadtkern. Ein gemütlicher Jazzkeller, der Partys, Jazz- und Soul-Konzerte bietet sowie ein Café mit klassischer Kneipenkost hat. Die Eröffnung war 1996 und er hat sich mittlerweile zu einer festen Größe für Nachtschwärmer etabliert.

Zum Kakadu

Man spricht hier von einer urigen und rustikalen Karaokebar, die in ausgelassener „Feier-Atmosphäre" Cocktails, Snacks und Studentenpartys anbietet. Zu finden ist diese Bar in der Stadtmitte, am Roßplatz. Vor dieser Bar sind Haltestellen und somit kommt man mit der Bahn optimal hin und das Auto kann stehengelassen werden. Man kann seinen eigenen Lieblingssong singen und die Musik kommt via Livestream und der Text wird auf dem Monitor angezeigt. Hier geht es nicht darum, wer am besten singt, sondern der Spaßfaktor zählt.

Für das leibliche Wohl wird mit Standardgetränken und einer Cocktail-Karte gesorgt, auch kleine

Snacks sind hier zu bekommen.

Kabarett Theater SanftWut

Warum unbedingt in eine Bar gehen, wenn Sie den Abend auch in einem tollen und gemütlichen Kabarett-Theater verbringen können? In der Mädler Passage, Aufgang D, befindet es sich. Eine Vorbestellung der Karten sollte erfolgen. Der Besitzer ordnet es als innenstädtisches Ensembletheater für Kleinkunst ein und es ist Spielort des jährlichen Satire-Festivals „Lachmesse". Für das leibliche Wohl ist gesorgt, da Sie dort gutbürgerlich essen können.

Sollten Sie sich für einen Besuch entscheiden, bestellen Sie doch gleich Schabernacks-Päckl mit dazu. Wer etwas für den kleinen Hunger haben möchte, für den gibt es kleine Snacks und das legendäre „Fettbemmchen". Weiterhin bekommt man hier sehr gute und ausgewählte Weine und eine reichhaltige Cocktail-Karte.

Anreise nach Leipzig

Es gibt zahlreiche und schnelle Möglichkeiten, nach Leipzig zu reisen. Viele Touristen buchen Leipzig über ein Reiseunternehmen und fahren mit dem Bus, andere wiederum fliegen zu uns und bequeme und schnelle Möglichkeiten sind: mit der Deutschen Bahn, dem Auto und mittlerweile auch dem Flixbus.

ANREISE MIT DEM FLUGZEUG

Es gibt die Möglichkeit, ab 19,99 € nach Leipzig/ Halle zu fliegen und man ist in kürzester Zeit da. Mit Ryanair, easyJet, Eurowings und Vueling Airlines kann man sich entspannt zurücklehnen und den Flug genießen. Am Flughafen angekommen, bieten die Reiseveranstalter zu den Flugtickets ein kostenloses Bahnticket für die S-Bahn mit an, die einen direkten Haltepunkt hier hat. Mit der S-Bahn, Linie S5, sind Sie in wenigen Minuten am Leipziger Hauptbahnhof und im Stadtzentrum. Je nachdem, wo sich Ihr Hotel befindet, geht es weiter mit der Straßenbahn, dem Bus oder Taxi.

ANREISE MIT DEM REISEBUS

Viele Reiseunternehmen bieten einen Kurzurlaub in Leipzig an und dazu ein Hotel. Einige Reiseunternehmen bringen die Touristen bis zum Hotel und andere haben einen direkten Haltepunkt in der Stadtmitte, was aber auch am Hauptbahnhof ist.

ANREISE MIT DER DEUTSCHEN BAHN

Egal woher Sie kommen, eine gute und schnelle Verbindung ist gesichert. Entweder fahren Sie mit dem ICE, dem IC oder am Wochenende mit dem RE und der RB mit einem Wochenendticket. Fünf Personen können hier zusammen für 44,00 € von Freitag bis Sonntag fahren. Kinder fahren kostenfrei mit. Am Hauptbahnhof angekommen, kann man mit der Straßenbahn, dem Bus oder Taxi fahren.

ANREISE MIT DEM FLIXBUS

Der Flixbus ist mittlerweile auch in Leipzig eine beliebte Art des Reisens geworden. Viele junge Leute und Touristen reisen damit an. Es wurde ein eigener Busbahnhof gebaut, mit eigener Ticketverkaufsstelle und einer kleinen Lounge, wo Sie bis zur Abfahrt noch einen kleinen Snack zu sich nehmen können. Ab einen Preis von ca. 5,00 € können Sie nach Leipzig reisen. Allerdings ist der Preis auch davon abhängig, woher sie kommen.

ANREISE MIT DEM AUTO

Mit dem eigenen Auto zu reisen, macht Sie flexibel und unabhängig. Durch das gut ausgebaute Autobahnnetz um Leipzig erreichen Sie Leipzig sehr schnell. Die Autobahnen A 14 und A 38, kommend aus Dresden und Göttingen, treffen sich an der Abfahrt Parthenaue. Sie fahren dann Abfahrt Leipzig Süd ab und kommen auf der B 2 direkt bis in das Stadtzentrum. Sollten Sie von Chemnitz anreisen, können Sie direkt über die A 72, weiter über die B 95 und B 2 Richtung Stadtzentrum fahren.

UNTERWEGS IN LEIPZIG

Viele Hotels bieten mit einem Reiseunternehmen Tagesausflüge und Städtetouren, speziell für Sehenswürdigkeiten, an. Andere möchten unabhängig und flexibel sein und fahren Straßenbahn und Bus oder S-Bahn. Allerdings gibt es auch viele, die sich mit dem Fahrrad oder dem Auto fortbewegen.

UNTERWEGS MIT DEM AUTO

Ein Auto bietet einem zwar Flexibilität und Unabhängigkeit, jedoch ist man nicht immer schneller am Ziel. Durch immer stärker zunehmende Rushhour am Mittag, Nachmittag und manchmal noch am frühen Abend, müssen Sie mit Staus rechnen und diese einplanen. Durch eine steigende Zahl von Touristen, die mit dem Auto kommen, kann dies zu Parkplatzmangel führen und Sie müssen weiter entfernt vom Ziel parken. Beim Shopping im Stadtkern kann es passieren, dass Sie durch Überfüllung nicht mehr ins Parkhaus hineinkommen. Ich empfehle deshalb jedem, auf die öffentlichen Verkehrsmittel zurückzugreifen.

UNTERWEGS MIT DEM REISEBUS

Wer sich überlegt hat, mit einem Reiseveranstalter eine Tagestour in Leipzig zu machen, so wird er Sie am Hauptbahnhof abholen und dort wieder aussteigen lassen. Es ist doch mal entspannend, einfach dem Sprecher zuhören zu können, was er von Leipzig erzählt und sich dabei zu erholen. Wenn Sie ein Essen mit gebucht haben, können Sie und/oder

Ihr/e Kollege/in, der/die Partner/ in oder Freunde ein Glas Bier oder Wein trinken und müssen sich keine Gedanken über die Sicherheit machen.

UNTERWEGS MIT DER STRAßENBAHN

Leipzig hat ein sehr gut ausgebautes Straßenbahnnetz und mehrere Verkehrsknotenpunkte. An diesen Punkten laufen viele Linien zusammen, die das Umsteigen erleichtern und ein schnelleres Erreichen des Ziels ermöglichen. Wie ich in meiner Vorstellung von Leipzig schon erwähnt habe, ist Leipzig wie ein Stern aufgebaut, der dann in alle Himmelsrichtungen von Leipzig wegführt. Dies ist auch bei den Straßenbahnverbindungen so.

Der erste Verkehrsknotenpunkt wird für Sie der Leipziger Hauptbahnhof sein.
Hier treffen die Linien 1, 3, 4, 7, 8, 9, 10, 11, 12, 14, 15, 16 und N1, N2, N3, N4, N5, N6, N7, N8 und N9 aufeinander.

Der zweite Verkehrsknotenpunkt ist der

Goerdelerring.

Hier finden Sie die Linien 1, 2, 3, 4, 7, 12, und 15.

Ein dritter und wichtigster Verkehrsknotenpunkt ist der Augustusplatz, den ich schon mehrfach bei den Sehenswürdigkeiten erwähnt habe.

Hier treffen die Linien 4, 7, 8, 12, 14 und 15 aufeinander.

Die Leipziger Verkehrsbetriebe stehen Ihnen natürlich bei Fragen gern zur Verfügung, aber auch die Rezeption Ihres Hotels.

UNTERWEGS MIT DER S-BAHN

Seit 2013 hat Leipzig einen City-Tunnel. Dieser zählt als das Herzstück des mitteldeutschen S-Bahn- Netzes. Er ermöglicht eine direkte Schienenverbindung zwischen dem Südraum Leipzig und dem Hauptbahnhof am nördlichen Stadtkern. Somit ermöglicht es der Tunnel, den gesamten regionalen Zugverkehr schneller, effizienter und entspannter zu regulieren. Mit sechs neuen Linien ist man ganz schnell in Halle und am Leipziger Flughafen. Die ganze Region profitiert somit ökologisch und ökonomisch.

Mit der S1 können Sie von der Miltitzer Allee über den Hauptbahnhof Leipzig, über die Leipziger Messe bis nach Riesa fahren und zurück.

Mit der S2 fahren Sie von Markkleeberg-Gaschwitz über den Hauptbahnhof Leipzig bis Rackwitz und Bitterfeld und zurück.

Mit der S3 geht es von Leipzig Stötteritz über den Hauptbahnhof Leipzig nach Schkeuditz und zurück.

Mit der S4 können Sie ab Leipzig Geithain über den Hauptbahnhof Leipzig bis nach Taucha fahren und zurück.

Mit der S5 können Sie ab Markkleeberg-Gaschwitz über Markkleeberg Bahnhof bis Hauptbahnhof Leipzig fahren und von da aus weiter bis zum Flughafen Leipzig/Halle. Dies ist auch die Linie, die ich bei der Anreise per Flugzeug schon erwähnt hatte.

Alle Linien führen auch über den Bayerischen Bahnhof, den Willhelm-Leuschner-Platz und Leipzig- Markt. Somit sind diese Haltepunkte unsere Verkehrsknotenpunkte für die S-Bahn.

An jeder Haltestelle befinden sich ausführliche

Fahrpläne, die es vereinfachen, an das gewünschte Ziel zu kommen. Bei Fragen helfen Ihnen Rezeptionisten der Hotels, Ticket-Kontrolleure in Bus und Bahn oder Passanten gern weiter.

Tipps für den kleinen Geldbeutel

Wer einen Ausflug oder eine Reise plant, denkt immer, dass man viel Taschengeld einplanen muss. Allerdings muss dies nicht sein. Ein guter Tagesplan und vorherige Erkundigungen können Ihnen viel Geld sparen. Dabei möchte ich Sie unterstützen und Ihnen ein paar Tipps und Ausflugsziele mit auf den Weg geben.

ANREISE

Warum nicht einfach das Auto stehen lassen und mit einer kleinen Gruppe von mindestens 4-5 Personen oder als Familie ein Wochenendticket bei der Deutschen Bahn buchen? Dies kostet Sie gerade mal 44,00 € und Sie können entspannt fahren und sich dabei die Gegend anschauen.

Oder, warum fahren Sie nicht mit dem Flixbus? Hier gibt es schon Angebote ab ca. 5,00 € bis 6,00 € pro Person, je nachdem wo Ihr Startpunkt ist. Die Tickets sind online buchbar.

UNTERKUNFT

Wer als Familie anreist, mit Kindern und Haustieren, und sich deswegen nicht in einem Hotel einmieten möchte, dem empfehle ich die Variante Ferienwohnung. Ab zwei und mehr Personen finden Sie tolle und preisgünstige Angebote und auch sehr schöne, gemütliche und komfortable Wohnungen, die mit viele Liebe eingerichtet wurden. Ab 19,00 € pro Nacht kann man gute Angebote online oder per Direktkontakt buchen. Egal ob Sie direkt im Stadtzentrum oder etwas außerhalb suchen.

Warum nicht auch im Central Globetrotter Hostel Leipzig eine Übernachtung buchen, zu zweit oder mit der Familie? Das Hostel befindet sich am Hauptbahnhof, in der Kurt-Schumacher-Straße, nur 300 m von Bahnhof und vom Zoo entfernt. Es werden farbenfrohe Zimmer angeboten und die Gemeinschaftsbäder befinden sich auf den Fluren. Im Innenhof wird ein Grillplatz zur freien Verfügung bereitgestellt. Somit kann man hier tolle neue Leute kennen lernen und Kontakte schließen. Zu den weiteren Gemeinschaftseinrichtungen gehören: die Waschküche, eine TV-Lounge und ein Spielzimmer. Weiterhin wird Ihnen eine voll ausgestattete Küche zur Verfügung gestellt. Sie können sich somit selbst versorgen.

Ein Besuch der Thomaskirche mit einem Altstadtrundgang

Der Veranstalter bietet Ihnen hier an, den Charme der alten Messehäuser und der wichtigsten Sehenswürdigkeiten in der wunderschönen Altstadt zu erleben. Lassen Sie sich von dem Anblick des „Alten Rathauses" im Renaissance-Stil zum Träumen von vergangen Tagen verleiten und von dem Duft aus einem der ältesten Kaffeehäuser Europas, „Zum Arabischen Coffe Baum", verzaubern.

Preis pro Person: 7,00 €

Geschichte und Geschichten
Nehmen Sie doch Teil an einem lustigen und informativen Stadtrundgang durch Leipzig. Kuriose Anekdoten und Legenden werden Ihnen erzählt und sehen Sie Leipzig mit den tollen Sehenswürdigkeiten. Hier erleben Sie, zusammen mit der Familie, viel Kultur. Die Dauer beträgt ca. 1,5 Stunden.
Preis pro Person: ab 9,00 €

Radtour
In Leipzig gibt es seit Kurzem die Möglichkeit, sich bei Nextbike ein Fahrrad auszuleihen. Diese stehen überall in Leipzig an gewissen Punkten. Wo genau erfahren Sie online. Sollten Sie eine Tour planen und haben Sie kein Fahrrad dabei, müssen Sie sich vorab registrieren und können sich dann nach der Bezahlung eines nehmen, was sich in ihrer Nähe befindet.
Preis pro Fahrrad: 1,00 €/30 Minuten und maximal 9,00 €/24 Stunden

Fahren mit der Straßenbahn

Leipzig hat seit Kurzem die „Leipzig Card". Sie haben damit bei allen Straßenbahnlinien, Bus- und S-Bahn-Linien sowie in Nahverkehrszügen (RE, RB, MRB) in der Tarifzone 110 des MDV freie Fahrt.

Diese Tageskarte ist gültig ab 9:00 Uhr bis zum Folgetag 4:00 Uhr. Auch gibt es eine 3-Tageskarte und 3-Tagesgruppenkarte. Wie auch die Tageskarte, hat sie ihre Gültigkeit ab 9:00 Uhr bis zum 3. Tag um 24:00 Uhr.

Das Highlight dieser Karten ist, dass Sie 50 % Ermäßigung oder freien Eintritt in ausgewählten Museen und Ausstellungen haben, weiterhin einen Preisvorteil von 20 % bei Rundgängen, Rundfahrten und Führungen. Sie bekommen ermäßigte Eintrittspreise bei Konzerten, Festivals, in Theatern, Varietèhäusern und Kabaretts.

Auch erhalten Sie einen Einkaufsrabatt beim Souvenirkauf in der Tourist-Information und in ausgewählten Einzelhandelsgeschäften. Es wird Ihnen ein Preisvorteil von 10 % beim Bootsverleih auf Leipzigs Gewässern gewährt, bis über 20 % Preisvorteil gibt es in ausgewählten Freizeiteinrichtungen und 10 % Rabatt in ausgewählten Restaurants. Auch erhalten Sie bis zu 15 % auf den Besuch im Zoo.

Diese Karte sollte vorher online bestellt werden oder kann im Service-Center der Leipziger Verkehrsbetriebe (Peters-/Ecke Markgrafenstraße) sowie im Mobilitätszentrum (Willy-Brandt-Platz) käuflich erworben werden. Sollten Sie mit einem Reiseveranstalter nach Leipzig reisen, können Sie bei ihm so eine Karte buchen. Beim Kauf einer solchen Karte erhalten Sie eine Infobroschüre.

Preis:
Für die Tageskarte zahlen sie 12,40 € pro Person.
Für eine 3-Tageskarte müssen sie 24,90 € pro Person einplanen.
Bei einer 3-Tagesgruppenkarte für 46,40 € können 2 Erwachsene und bis zu 3 Kinder (unter 14 Jahren) an drei aufeinanderfolgenden Tagen fahren.
Beim Einlösen der Leipzig Card in einem Restaurant müssen sie die Karte vor der Bestellung vorzeigen.

Happy Dinner Card

Dies Karte steht unter dem Motto **Entdecken-Erleben-Genießen.** Sie können hier bis zu 50 % sparen. Sie können beim Essen in Restaurants richtig viel sparen, wenn Sie zwei Gerichte für zwei Personen bestellen, bezahlen Sie nur eins von beiden. Es ist möglich, attraktive Rabatte in den Bereichen Kultur, Wellness, Freizeit und Übernachtung zu erhalten.

Beim Erwerb dieser Karte, die es im Scheckkarten-Format gibt, erhalten Sie einen GastroGuide mit dazu, in dem alle Vertragspartner drinstehen.

Sehenswürdigkeiten

Nicht nur beim Essen, Straßenbahnfahren und bei der Unterkunft können sie richtig Geld sparen, sondern auch bei den Sehenswürdigkeiten. In viele Einrichtungen kommt man mittlerweile kostenlos hinein. Warum planen Sie dann nicht einen Tag Sightseeing mit ein und schauen sich die Thomas- und Nikolaikirche kostenlos an, das Grassimuseum, das Museum der bildenden Künste, das Völkerschlachtdenkmal, mit ermäßigtem Eintritt bei Vorlage der Leipzig Card?

Picknick am See oder im Park

Wenn sie als Familie anreisen, sollte auch hier vorher gut geplant werden. Kinder wollen sich nicht nur die Kultur anschauen, sondern auch etwas erleben. Warum dann nicht mal einen Tag mit einer Wanderung in unserem Neuseenland planen, mit Picknick dazu? Leipzig zählt zu einem Seengebiet mit sieben Seen. Im Sommer veranstaltet Markkleeberg beim Stadtfest eine 7-Seen-Wanderung, zu der sich Familien kostenlos eintragen können. Allerdings muss man nicht erst so lange warten.

Clara-Zetkin-Park

Leipzig hat viele schöne Parks in Stadtnähe. Hierzu zählt unter anderem der Clara-Zetkin-Park. Er wurde früher als „Zentraler Kulturpark" bezeichnet. Im Jahr 1955 wurde beschlossen, nach der Leipziger Stadtverordnung, dass die damals bestandenen Parkanlagen Johannapark, Scheibenholzpark, König-Albert-Park und Palmengarten zusammengefasst werden und es kam zu dem Namen Clara-Zetkin-Park. Sie erwartet hier eine sehr schöne Parkanlage mit einer Fläche von 125 Hektar. Der Park befindet sich ca. 2 km südwestlich vom Stadtzentrum und kann entweder zu Fuß, mit dem Fahrrad, dem Auto oder mit der Straßenbahn erreicht werden. In der Parkanlage befindet sich ein sehr großer Spielplatz und auf den Wiesen kann ein Picknick gemacht werden. Hier finden unter anderem Konzerte und Kino-aufführungen statt und in der Festivalzeit auch O-pen-Air-Konzerte. Lohnenswert sich anzuschauen ist der dort befindliche historische Musikpavillon und das Franz-Schubert-Denkmal. Beide sind 2010 restauriert worden.

Cospudener See
Hier eine Wanderung zu planen, mit der Familie, lohnt sich. Dieser See ist südlich von Leipzig und künstlich angelegt. Aus einem Tagebaurestloch, das geflutet wurde, entstand er. Die Städte Leipzig, Mark-kleeberg und Zwenkau liegen an diesem See. Er bietet eine große Vielzahl an Freizeit-, Sport- und Erholungsmöglichkeiten.

Landschaftspark (Nordufer):
Hier finden Sie ein Eingangsgebäude mit einer Ausstellung über die Bergbaugeschichte und den Landschaftswandel im Südraum Leipzigs und auch eine Ausleihstation für Fahrräder, um spontan eine Radtour um den ganzen See machen zu können. Mit

einem Umfang von 10,5 km ist dieser See optimal, auch für ein Picknick. Oder Sie laufen die 1,5 km lange Erlebnisachse entlang und kommen zum Strandbereich. Für Kinder ist der Wasserspielplatz ein Highlight. Ein weiterer Höhepunkt ist der 1 km lange und 70 m breite Strand, mit einer Liege- und Spielwiese. Auch zu finden sind Strandpavillons mit Servicestationen und für die Familien eine Minigol-fanlage.

Zöbigker Winkel (Ostufer):
Wenn Sie sich für Wassersport interessieren, sollten Sie auf diese Seite des Sees gehen. Hier befindet sich das Wassersportzentrum Pier I und man kann ver-schiedene Wassersportarten ausprobieren. Unter anderem wird hier angeboten: Paddeln, Rudern, Sur-fen, Segeln, Tauchschule und Bootsverleih. Auch sehr schön ist der Hafen mit der Marina, die eine Länge von 100 m und 3 Seitenstege hat und Liegeplätze für ca. 200 Boote. Ein Highlight auf dieser Seite ist die Neun-Loch-Golfanlage. Ein weiteres Highlight für die, die einmal Tauchen wollen, ist ein Tauchpfad mit natürlichen und künstlichen Unterwasserattraktio-nen.

Bistumshöhe (Südufer):

Hier lohnt es sich, mit Freunden und Familien einen schönen Abend zu verbringen und einfach mal nur die Seele baumeln zu lassen. Es lohnt sich wirklich! Hier erwartet Sie ein Aussichtsturm mit einer Höhe von 35 m und 180 Stufen auf einem künstlich aufge-schütteten Hügel. Von ganz oben haben Sie einen Ausblick über den gesamten See, den damaligen Els-terstausee, den Freizeitpark BELANTIS und die Sky-line von Leipzig.

Wie Sie sehen, hat dieser See sehr viel zu bieten und ein Tagesausflug lohnt sich voll und ganz.

Wildpark Leipzig

Wer nicht in den Zoo möchte, der kann sich auch den sehr schönen Wildpark anschauen. Dieser befindet am südlichen Stadtrand im Stadtteil Connewitz. Er wurde als Tierpark angelegt und hat eine Größe von 42 Hektar. Der Eintritt ist frei und Sie erwarten 25 verschiedene Tierarten mit ca. 250 Tieren, die in Mitteleuropa leben und gelebt haben und hier Ein-zug gefunden haben. Auf einem speziellen Erlebnis-pfad haben Sie die Möglichkeit, Wild ohne Barrieren in natürlicher Umgebung und deren Verhaltenswei-sen zu beobachten. Ein russisches Blockhaus sorgt für ihr leibliches Wohl und ein Märchenspielplatz für Abwechslung und Spaß für Ihre Kinder.

Wie Sie sehen, lohnt es sich auf jeden Fall, egal, ob nur ein Wochenende oder länger, in die schöne Messestadt Leipzig zu reisen. Ich hoffe, ich konnte Sie mit diesem perfekten Reiseführer begleiten und Ihnen gute Tipps geben, wie die Tage in Leipzig aussehen können. Natürlich hat Leipzig noch weit mehr zu bieten. Ich kann aber mit gutem Gewissen sagen, dass in Leipzig für jeden etwas dabei ist und es spielt keine Rolle, ob Jüngere oder Ältere.

Ich wünsche Ihnen eine gute Anreise und einen schönen Aufenthalt!

Packliste

Geld & Finanzen

O (evtl.) Auslandswährung
O Bargeld
O Bauchtasche
O Brustbeutel
O Bauchtasche
O EC-Karte
O Kreditkarte
O Notfall-Telefonnummern der Banken
O Portmonee

Hygiene

O Haarbürste / Kamm
O Deo (klein)
O Shampoo
O Kulturtasche
O Sonnencreme
O Taschentücher

O Reise-Zahnbürste und Zahnpasta
O Verhütungsmittel

Kleidung

O Badeklamotten
O Gürtel
O Hosen kurz / lang
O Mütze / Cap / Hut
O Pullover
O Regenjacke
O Schlafanzug
O Socken
O Sonnenbrille
O Sportklamotten / Jogginghose
O T-Shirts
O Unterwäsche

Medikamente

O Blasenpflaster
O Anti-Durchfalltabletten
O Erste-Hilfe-Set

O Fiebertabletten
O Fiebertabletten
O Mückenschutz
O sonstige Medikamente
O Pflaster
O Kopfschmerztabletten

Unterlagen & Papiere

O ADAC Unterlagen
O Adresslisten für Postkarten
O Krankversicherungsnachweis
O Stadtplan
O Führerschein
O Unterlagen für die Unterkunft
O Wasserdichte Hülle für Reiseunterlagen
O Impfausweis
O Mietwagenunterlagen
O Personalausweis
O Reisepass
O Reisetagebuch
O evtl. Studentenausweis

O evtl. Visum
O Zug- / Bahn- / Flugticket

Taschen & Rucksäcke

O Koffer / Trolley / Reisetasche
O Regenhülle für Rucksack
O Rucksack

Schuhe

O Badeschlappen / Hausschuhe
O Schuhe und Wechselschuhe

Sonstiges

O Brille / Kontaktlinsen und Etui
O Buch zum Lesen
O Ohrenstöpsel und Schlafmaske
O Regenschirm
O Reisedecke
O Wasserflasche
O Wörterbuch

Elektronik

O Digitalkamera
O Handy
O Ladekabel
O Kopfhörer
O evtl. Steckdosenadapter
O Power-Bank

Herstellung und Verlag:

BoD – Books on Demand, Norderstedt

ISBN: 9783750469426

1. Auflage

Kontakt: Psiana eCom UG/ Berumer Str. 44/ 26844 Jemgum

Covergestaltung: Fenna Larsson

Coverfoto: depositphotos.com